洛北 修学院

中村 治 著

大阪公立大学共同出版会

はじめに

　わたしが中村治先生と初めてお会いしたのは、平成19年（2007）2月16日のことでした。岩倉にお住いの中村先生は、岩倉だけでなく、上高野のことも調べておられ、さらに修学院・一乗寺のことも調べたいといって、上高野に住むわたしの知人といっしょに来られたのです。その後わたしは、先生を修学院地域の先輩にご紹介し、先生といっしょに先輩の話を聞かせてもらい、古写真を見せてもらうようになりました。わたしは、修学院地域で生まれ育ち、長年過ごしてきたのに、修学院地域について知らないことがたくさんあることに気づいたのでした。

　もっとも、わたしが知らないことが修学院地域の遠い昔のことや他の家のことであった時は、わたしはまだ平然としていられたのですが、わたし自身のことが、わたし自身、わからなくなっていることに気づいた時は、平然としていられませんでした。昭和20年（1945）4月頃にどこかの神社で撮られた写真（写真36）を中村先生は見せてくださったのですが、それには修学院国民学校（現・修学院小学校）4年生のわたしが同級生といっしょに写っているにもかかわらず、わたしはどこでその写真が撮られたのか、なぜ撮られたのか、わからなかったのです。遠い昔のことはもちろんのこと、わたしたちが歩んできた道筋がすでにわからなくなってきていることに気づいたわたしは、友人や地域の人に尋ね、わたしたちが歩んできた道筋を確認する作業を始めました。

　わたしたちが歩んできた道筋を記した歴史は、じっとしていたらだれかが作成してくれるというものではないと思います。それは、わたしたちがわたしたちで確認し合い、次の世代に伝えていくべきものでしょう。しかしながら、わたしたちは、わたしたちが経験したことを友人や地域の人と確認し合っても、それを書き残すことをめったにしません。それを書き残し、大きな流れの中に位置づけてくださったのは、中村先生でした。また、修学院地域を写した写真は、修学院地域内でのみ見つかるのではなく、他の地域で見つかることもありますが、それをたくさん紹介してくださったのも、中村先生でした。修学院地域の共有財産とでもいうべきものをそのようにして増やしてくださった中村先生に、感謝いたします。

　修学院地域には無形文化財に指定された「紅葉音頭」が伝わっていますが、先生にまとめていただいたこの『洛北修学院』も、「紅葉音頭」と同様、地域の共有財産として、次の世代に伝えていくとともに、中村先生をはじめとする修学院学区郷土誌研究会の人たちといっしょになって古写真をさらに集め、聞き取りも進めて、『洛北修学院』に記されていることをさらに豊かに、そして正確にしていきたいと思います。

修学院小学校同窓会会長
中島　布美子

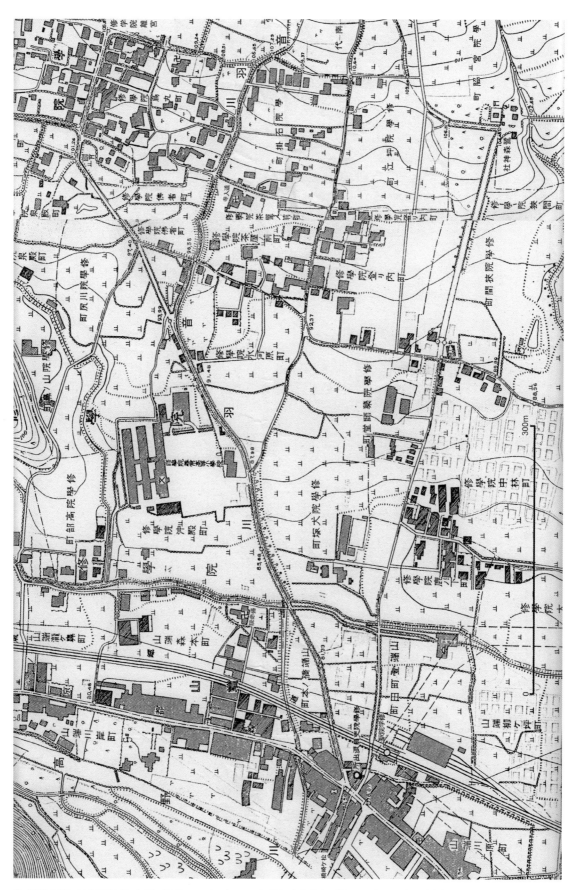

修学院付近都市計画基本図（昭和10年（1935）修正測図・西側は昭和27年、東側は昭和28年に修正）。
画面左：北・画面上：東・画面右：南・画面下：西。京都府立総合資料館所蔵。

目　次

はじめに

序 ……………………………………………………………………………	1
第1章　修学院の暮らし …………………………………………………	2
第2章　修学院・一乗寺地域の都市化の始まり ………………………	4
第3章　修学院地域と戦争 ………………………………………………	14
第1節　日中戦争時代の修学院 ……………………………………	14
第2節　太平洋戦争時代における修学院国民学校生の服装の変化 ………	18
第3節　京都への航空機産業の移転 ………………………………	22
第4節　学徒動員 ……………………………………………………	22
第5節　三菱重工業工場の移転と疎開授業の始まり …………	24
第6節　三菱重工業・日本国際航空工業と営団住宅 …………	26
第4章　戦後における暮らしの変化 ……………………………………	30
第1節　暮らし好転のきざし ………………………………………	30
第2節　農業機械の導入 ……………………………………………	34
第3節　耐久消費財の普及 …………………………………………	35
第4節　宅地化の進行と音羽川水害 ………………………………	37
結び ……………………………………………………………………………	48
写真所蔵者・協力者 ………………………………………………………	50
あとがき ……………………………………………………………………	51

序

　修学院は、修学院離宮をはじめ、赤山禅院、鷺森神社などがあり、風光明媚な地域として知られてきました。ところがそこでどのような暮らしが営なまれてきたのかということは、よくわかっていません。たとえば、修学院地域でどのようなものがどのように生産され、どのように食べられてきたのかということに関する資料は、多くありません。

　また、修学院国民学校（現・修学院小学校）は、昭和20年（1945）に三菱重工業の工場にされ、生徒が地域の寺や集会所で勉強するという経験をしたところですが、そのいきさつや当時の状況は、学校に資料が残されておらず、よくわかっていません。

　さらに、修学院の音羽川沿いは、昭和47年（1972）9月16日の大雨で大きな被害が出たところとして知られていますが、その水害後、音羽川が拡幅され、深く掘り下げられたため、水害のことは忘れ去られようとしています。しかし、これからも同じような大雨が降ることがあるということを考えると、決して無関心になることなく、音羽川とうまくつきあっていく必要があるはずです。

　本書では、聞き取り、地域に残されている古写真、書かれた資料などを用い、上記の問題を中心に、考えてみたいと思います。わたしたちは、これからどのような道を歩んでいけばよいのかということを考えようと思えば、これまでどのような道を歩んできたのかということを、よく見ておかなければならないと思うのです。

写真1　修学院駅から修学院離宮への道。画面左端は音羽川の土手。昭和30年（1955）。

第1章　修学院の暮らし

　修学院のように、京都の市街地を取り巻く地域では、京都の市街地との距離、地形、地質などによって、その暮らし方にさまざまな特徴が見られました。修学院地域の場合は、土は、米[1]や野菜作りには適していましたが、茶や桑には適していなかったようです。また、修学院地域は水にあまり恵まれていませんでした[2]。『京都府地誌』（明治10年代）に、修学院村の主産物として、スイカ2600個、ナス250荷、ダイコン1250荷、石が記されているのを見ると、修学院村は、京都の市街地に比較的近いという利点をいかし、京都への野菜の販売が収入に占める割合が大きかった地域であったようです。

　修学院村の戸数は158。人口は856人（男411・女445）。その他に寄留24人（男16・女8――これは里子であった可能性が高いと思われます）。職業としては、農業に従事する家100戸、たきぎを採って売る家30戸、その他は雑業でした（『京都府地誌』）。

　『愛宕郡村志』（明治44年（1911））には、もう少し詳しい統計（明治41年（1908）末調査）が載せられています。修学院地域の戸数は154。人口は1036人（男510・女526）。物産に関しては、修学院地域だけの数字が出ておらず、一乗寺・修学院・高野（現・上高野）地域を合わせた修学院村の数字が出ているので、修学院地域だけのことははっきりしないのですが、図表1のようになります。

図表1　修学院村（一乗寺・修学院・高野（現・上高野））
の主な物産の産額（1908年末調査）[3]

	産額	価格
米	3438 石	49388 円
麦	2039 石	17379 円
たきぎ	2732 束	4752 円
竹材	254 束	264 円
ダイコン	14000 貫	700 円
カブラ	700 貫	250 円
スグキ	500 貫	240 円
キュウリ	18000 貫	270 円
ナス	45500 貫	2730 円
トウガラシ	9000 貫	450 円
カボチャ	18000 貫	900 円
ネギ	250 貫	113 円
タマネギ	280 貫	336 円
石材	21638 個	3555 円
牛乳	414 石	8694 円

「石材」というのは、比叡山四明岳山頂に近い音羽谷から出る花崗岩の石材のことです。『京都府地誌』にも、修学院村の特産物として「石」が挙げられています。

たきぎに関しては、『京都府地誌』によると、たきぎを採ることをおもな稼業にしている家が一乗寺村に27戸、修学院村に30戸あり、高野村（現・上高野）もたきぎ売りで有名であったのですから、たきぎ生産は、三地域いずれについてもあてはまることであったのでしょう[4]。八瀬村や大原村と比べると、消費地である京都の市街地に近く、運搬が比較的容易なのですから、たきぎ販売額が大きかったとしても、不思議ではありません。

ただし、修学院村の山の面積は広くありませんでした。修学院村が江戸時代に比叡山や一乗寺村や高野村と山をめぐって何度も争った[5]のは、そのことに原因があるのでしょう。

〈注釈〉

1 修学院の石高は、『京羽二重織留』（元禄2年（1689））によると、867石あまり。『山城国高八郡村名帳』（享保14年（1729））によると、872石1斗あまり（禁裏御料300石・仙洞御料272石あまり・林丘寺宮領300石）。『京都市の地名』、平凡社、1979年、p.120。
2 「稲梁蔬菜粗適ス。桑茶適セス。水利不便。時々旱損ノ憂アリ」（『京都府地誌』）。
3 『洛北誌』（旧『京都府愛宕郡村志』）、大学堂書店、1911年初版（1972年3版）、pp.90-92。
4 「運輸稍便。薪炭乏シカラス。」（一乗寺村）・「運輸便。薪炭乏シカラス。」（修学院村）・「運輸便。薪炭足ル。」（高野村）。いずれも『京都府地誌』の記述。
5 『京都市の地名』、p.120。

写真2　画面右端の火の見櫓に半鐘が見えます。画面中央の建物は鷺森神社の神輿蔵。その背後の高い山は比叡山。修学院仏者町。昭和30年（1955）。

第2章　修学院・一乗寺地域の都市化の始まり

図表2　修学院・一乗寺・高野（現・上高野）の人口

	世帯数	人口（人）	男（人）	女（人）
明治10年代（1880頃）	472	2587	1257	1330
明治41年（1908）	477	3149	1545	1604
大正 9年（1920）	652	3373	1642	1731
大正14年（1925）	1151	5573	2995	2578
昭和 5年（1930）	1852	8459	4506	3953
昭和10年（1935）	2292	10495	5485	5010
昭和22年（1947）	3180	13430	6497	6933
昭和25年（1950）	3296	14359	7002	7357
昭和30年（1955）	3671	16283	8064	8219
昭和35年（1960）	5060	18816	9563	9253
昭和40年（1965）	8393	26360	13573	12787
昭和45年（1970）	11895	31401	16762	14639
昭和50年（1975）	14052	34123	18334	15789
昭和55年（1980）	14753	34624	18514	16110
昭和60年（1985）	14765	34501	18150	16351
平成 2年（1990）	14247	33687	17192	16495
平成 7年（1995）	15102	34214	17217	16997
平成12年（2000）	15478	33789	16851	16938
平成17年（2005）	15734	33574	16489	17085
平成22年（2010）	16305	33393	16194	17199

「1880年頃」の欄の数値は『京都府地誌』に基づき、「1908年」の欄の数値は『京都府愛宕郡村志』に基づき、それ以外の欄の数値は国勢調査に基づいています。

　人口の推移を記した図表2を見ると、修学院・一乗寺・高野（現・上高野）地域は、大正時代中頃まではゆるやかに変化していたと思われるのですが、大正時代末頃から急激に変化しています。その変化をもたらした大きな原因は、京都電燈会社叡山平坦線が出町柳〜八瀬間で開業した（大正14年（1925））ことでしょう。修学院離宮前で生まれ育った袖岡富美さん（大正2年（1913）4月生）は、次のようにおっしゃっていました。

　「うれしゅうて、今でも日をはっきり覚えてるわ。大正14年の9月27日。女学校へ電車で行けた。用もないのに、朝早ようから学校へ行って。」（平成11年（1999）談）

第2章　修学院・一乗寺地域の都市化の始まり

写真3　修学院駅。昭和15年（1940）頃。背景は比叡山。

写真4　デナ1形（モーターや車体はドイツ製）。京福電気鉄道（京都電燈会社から鉄軌道事業（嵐山線・北野線・叡山線・越前電気鉄道線）を引き継いで昭和17年（1942）3月2日に設立された会社。同年8月1日には鞍馬電気鉄道と合併しました）修学院車庫。昭和30年（1955）頃。

この京都電燈会社叡山平坦線開業の結果、京都の市街地への通学、通勤が容易になり、修学院地域の人が農業に頼らずとも暮らしていけるようになっただけでなく、京都などから修学院・一乗寺地域へ移り住む人も増え、修学院・一乗寺地域の宅地化が進行したのです。

　ちなみに、上述の袖岡富美さんの学年の女子40人のうち、5人が女学校へ進学（5人とも精華高等女学校）。それ以外は修学院尋常小学校卒業後すぐ、あるいは高等科を出てから、女中になりました。女学校へ行った1人は、後に電話局に勤めたようです。

写真5　雲泉荘というスペイン風洋館（杉浦家別荘）も建ちました。修学院泉殿町。大正12年（1923）頃。

　修学院・一乗寺・高野（現・上高野）地域の人口を見ると、昭和55年（1980）まで右肩上がりに増えています。それにともない、修学院尋常小学校の生徒数は、京都電燈会社叡山平坦線が開業した翌年の大正15年（1926）に663人であったのが、昭和10年（1935）には1551人になり、昭和20年（1945）には2239人になり、その後、修学院第二小学校が昭和34年（1959）に独立するまで、1808人〜2253人程度の生徒数で推移したのでした。このような宅地化の進行の結果、修学院地域に住む人の雰囲気が、修学院より北の地域のそれと比べると、少し都市化したのです。そのことは、修学院学区に残されている古写真や卒業写真から見てとることができます。

第2章　修学院・一乗寺地域の都市化の始まり

写真6　愛宕郡第一高等小学校第13回卒業生。男子生徒は35人ですが、女子生徒は5人です。女子
　　　生徒は、子守や家の手伝いのため、高等小学校（11歳〜14歳の生徒が通学）に行かせても
　　　らえることが少なかったのです。女子生徒は髪の毛を束ねています。女子生徒も、体操などに
　　　対応できるように、はかまをはいています。松ケ崎小竹藪町。明治35年（1902）3月28日。

写真7　男子生徒が47人であるのに、女子生徒は4人であること、生徒が大人びていること、上の写
　　　真6よりは写っている人数が多いことを考えると、これは、愛宕郡第一高等小学校の一乗寺関
　　　係者が、あるいは修学院や高野（現・上高野）も含めた関係者が、明治37年（1904）〜明
　　　治38年頃に一乗寺尋常小学校（現・上一乗寺集会所）で撮った写真ではないでしょうか。

7

写真8　日露戦争戦勝記念。鷺森神社。明治38年（1905）。

写真9　明治40年（1907）4月から尋常小学校修業年限が4年から6年に延長され、松ケ崎にあった愛宕郡第一高等小学校（11歳〜14歳の生徒が通学）が廃止されました。男子生徒が66人であるのに、女子生徒が12人であること、写真6・写真7よりは女子生徒が多く写っていること、生徒が大人びていることを考えると、これは、愛宕郡第一高等小学校解散時に、その一乗寺関係者が、あるいは修学院や高野（現・上高野）も含めた関係者が、明治40年に一乗寺尋常小学校（現・上一乗寺集会所）で撮った写真ではないでしょうか。女子生徒の束ねた髪の毛が少し膨らんでいるのは、入れ毛によってです。女子生徒は、体操などにも対応できるように、はかまをはいています。大人にも子どもにも横を向いている人がまだ見られます。

写真10　「修学院消防手」。明治時代末期か。

第 2 章　修学院・一乗寺地域の都市化の始まり

写真11　格知尋常小学校第 5 回卒業生。大人の女性や女子生徒の髪の毛の膨らみが大きくなり、リボンをつけた生徒が見られます。かすりの着物が増えてきています。横を向いている人がまだ見られます。格知尋常小学校（明治41年（1908）3 月に一乗寺・修学院・高野・松ケ崎尋常小学校を廃止し、それらに通っていた生徒が通う小学校として明治41年 4 月に設立された小学校）。松ケ崎小竹藪町。大正 2 年（1913）。

写真12　修学院尋常小学校第 2 回卒業生。大人の女性の髪はまだ大きいままですが、女子生徒の髪は小さくなり、髪を真ん中で左右に分けた生徒も見られます。大正 5 年（1916）に設立された修学院村立修学院尋常小学校（現・修学院小学校）。大正 7 年（1918）。

写真13　修学院尋常小学校第8回卒業生。小林正直氏の寄付金によって大正13年（1924）2月に落成したばかりの新講堂の前。学生服姿の男子生徒が4人見られます。女子生徒では、髪を真ん中で分ける生徒より、7：3ぐらいに分けた生徒の方が多くなっています。大正13年（1924）。

写真14　修学院尋常小学校第15回卒業生。40人中19人の女子生徒が洋服を着ています。セーラー服姿も8人見られます。左右に垂らした髪の毛を束ねた生徒、ショートカットの髪型の生徒が見られます。昭和6年（1931）。

第2章　修学院・一乗寺地域の都市化の始まり

写真15　修学院尋常小学校第15回卒業生。46人中43人の男子生徒が学生服姿になりました。昭和6年（1931）。

写真16　比叡山登山記念。卒業式のような儀式の時だけでなく、普段でも洋服を着ている生徒が多くなっていることがわかります。昭和7年（1932）頃。

写真17　修学院尋常小学校第17回卒業生。40人中32人の女子生徒が洋服を着ています。セーラー服姿も15人見られます。左右に垂らした髪の毛を束ねた生徒が多くなっています。昭和8年（1933）。

写真18　修学院尋常小学校第18回卒業生。この年、生徒全員が洋服姿になりました。セーターを着た男子が見られます。「おかっぱ」と呼ばれる髪型の女子が見られます。昭和9年（1934）。

第 2 章　修学院・一乗寺地域の都市化の始まり

写真19　少年赤十字団の活動の一つとして通学路を清掃していた修学院尋常小学校生。鷺森神社参道。
　　　　昭和 9 年（1934）5 月 10 日。

　明治時代の愛宕郡第一高等小学校、大正時代の格知尋常小学校、大正時代の修学院尋常小学校の卒業写真を見るかぎりでは、男子生徒の服装も女子生徒の服装も、修学院より北の小学校、たとえば岩倉の明徳尋常小学校のそれと、大差ありません。

　ところが昭和時代になると、大きな差が出てきます。たとえば昭和 6 年（1931）卒業写真を見ると、修学院尋常小学校では、40 人中 19 人の女子生徒が洋服を着ていますが、明徳尋常小学校では、23 人中、洋服を着ているのは 3 人だけです。また、男子生徒の場合でも、修学院尋常小学校では、46 人中 43 人の男子生徒が学生服姿でしたが、明徳尋常小学校では、30 人中、学生服姿は 17 人でした。さらに、尋常科の卒業生全員が洋服姿になったのは、修学院尋常小学校では昭和 9 年（1934）ですが、明徳尋常小学校では昭和 14 年（1939）でした。

　なお、昭和時代初期に見られ始めるものとして、セーターとメガネを挙げることができるでしょう。

　女子生徒の髪型について言えば、明治時代末期には、入れ毛を入れて、髪の毛をふくらませている生徒が見られますが、大正時代中頃になると、入れ毛を入れている生徒は見られなくなり、髪の毛を真ん中で左右に分けた生徒が見られるようになります。大正時代末期になると、髪の毛を 7 : 3 ぐらいに分けた生徒の方が多くなり、昭和時代に入ると、左右に垂らした髪の毛を束ねた生徒、ショートカットの生徒、さらにはショートカットで、前髪や両側を切りそろえた「おかっぱ」と呼ばれる髪型が見られるようになります。

第3章　修学院地域と戦争

第1節　日中戦争時代の修学院

　昭和6年（1931）、愛宕郡修学院村は、京都市に編入され、京都市左京区修学院となりました。修学院は、京都市近郊の住宅地として発展していくように思われたのですが、昭和7年（1932）に日中戦争が始まり、昭和13年（1938）に国家総動員法が制定され、修学院にも戦争の影が忍び寄ってきました。

写真20　修学院村農会事務所解散記念。昭和6年（1931）。

写真21　修学院尋常小学校屋上に設置されたサイレン。昭和11年（1936）。

第 3 章　修学院地域と戦争

写真22　「西村彌蔵氏出征」。修学院室町。昭和 12 年（1937）頃。

写真23　国防婦人会。修学院尋常小学校校庭。昭和 13 年（1938）頃。

写真24 献納米。昭和14年（1939）3月には「神饌幣帛料共進の制」が定められ、米などを神社に納めることが農村に要求されました。これは、それにともない、明治神宮などへ米を献納する時の様子を写したものです。修学院尋常高等小学校。昭和14年（1939）頃。

写真25 枕元にブリキのおもちゃが見えます。修学院沖殿町。昭和14年（1939）頃。

第 3 章　修学院地域と戦争

写真26　たらいで行水をする子。子どもはまだ比較的おだやかな日々を過ごしていました。修学院沖殿町。昭和 14 年（1939）頃。

写真27　壮行会。修学院尋常小学校奉安殿前。この奉安殿は、小林正直氏の寄付金により、大正 14 年（1925）9 月に建てられました。昭和 14 年（1939）頃。

写真28　紀元2600年記念事業として大麻奉斎殿(たいまほうさいでん)が修学院尋常小学校奉安殿(ほうあんでん)の南側に建てられました。昭和時代初期に子どもの洋装化は進みましたが、大人、特に婦人の洋装化は遅れました。昭和15年（1940）。

第2節　太平洋戦争時代における修学院国民学校生の服装の変化

　昭和16年（1941）には、小学校の名称が国民学校と改められ、修学院尋常小学校は修学院国民学校となりました。そしてその頃から物資の欠乏がひどくなり、卒業生もありあわせの服を着て、卒業記念写真に写るようになります。そして日本本土が空襲の危険にさらされるようになると、空襲にそなえて名札をつけ、名札に血液型を記すことが多くなりました。また、昭和18年（1943）頃からは女子にもんぺの着用が求められるようになり、卒業写真にも、もんぺを着用して写っている女子生徒が多く見られるようになります。さらに男子は、昭和15年（1940）に制定され、後に軍服の代用としても認められることになる国民服を着用することが多くなり、先生にはゲートルを巻いた人も見られるようになります。

　暗い話題が多かった時代ですが、そんな昭和19年（1944）4月8日、京都市では学校給食が始まりました。豆かすにごはんを混ぜたものにみそ汁といったものが多かったようですが、食糧事情が悪くなっていた時代であったので、子どもたちは楽しみにしていました。なお、隣の岩倉以北は、当時、京都市に属していなかったので、給食がありませんでした。

第3章　修学院地域と戦争

写真29　修学院国民学校昭和17年（1942）男子卒業生。国民服やセーターを着た生徒、名札をつけた生徒が見られます。名札には血液型が記してありました。

写真30　修学院国民学校昭和18年（1943）女子卒業生（4組）。もんぺを着用した生徒が見られます。髪の毛がずいぶん短くなっています。

写真31　修学院国民学校昭和19年（1944）男子卒業生。先生だけでなく、生徒にもゲートルらしきものを巻いた人が見られます。下駄ばきや草履ばきの生徒も見られます。国民服を着用している生徒が増えています。

写真32　修学院国民学校昭和19年（1944）女子卒業生。もんぺを着用した生徒が多く見られます。背後の校舎のガラス窓には、空襲を受けた時にガラスが爆風で飛散しないように、紙が貼ってあります。

第3章　修学院地域と戦争

写真33　出征兵士宅の子どもたち。昭和19年（1944）。

写真34　修学院国民学校昭和20年（1945）男子卒業生。国民服を着用している生徒がさらに増え、下駄（げた）や草履（ぞうり）も多く見られます。

第3節　京都への航空機産業の移転

　日本本土に対する初めての空襲(くうしゅう)は、昭和17年（1942）4月18日にアメリカ軍が、航空母艦(こうくうぼかん)に搭載(とうさい)した陸軍の爆撃機(ばくげきき)によって、東京、川崎、四日市、神戸などへの空爆を行ったものです。日本の航空機生産の中心地であった名古屋も、この時に爆撃されました。このころから日本も、航空機生産の拡大の必要性を認識し、空襲の危険性を分散させるためにも、名古屋以外での航空機生産拡大をはかるようになりました。

　京都がその大きな受け皿となったのですが、それには（1）太秦、桂、大久保など、竹藪、田畑、湿地が広がったところがあり、短期間に工場を建設することが可能であったこと、（2）昭和15年（1940）7月7日に発令された「奢侈品(しゃしひん)製造販売制限規則」によって西陣や室町が衰退して、失業者が多くいたため、そして京都に多くある学校の学生を動員できたため、労働力の確保が比較的容易であったこと、（3）関西地区の送電線が京都近辺を通っており、電力の確保が比較的容易であったことなどが、その理由として考えられます[1]。そして昭和19年（1944）初め、三菱重工業京都機器製作所（太秦）において航空機用エンジンバルブの生産を開始。昭和19年7月には、三菱重工業京都発動機製作所（桂）も完成し、航空機用エンジンの生産を始めました[2]。

　他方、アメリカ軍は、マリアナ諸島を攻略してからは、陸軍航空軍の大型爆撃機B-29を用いて日本本土を攻撃できるようになり、昭和19年（1944）11月24日、中島飛行機武蔵製作所（現・武蔵野市）を攻撃。昭和19年12月13日には、B-29爆撃機90機が、日本の航空機用発動機の4割以上を生産していた名古屋市東区大幸町の三菱重工業名古屋発動機製作所大幸工場を空襲。昭和20年（1945）4月7日まで執拗に爆撃を繰り返し、7回の爆撃で工場を壊滅させました[3]。

　名古屋工場が壊滅したのですから、次は京都の工場が狙われるのは当然でしょう。太秦の三菱重工業京都機器製作所は、昭和20年（1945）4月16日に空襲を受け、死者2人、重軽傷者40人を出しました。そしてこれを契機に、太秦工場は、愛宕山鉄道の清滝トンネル跡、周山街道の林間部、京都五中（現・桂中学校）、大将軍国民学校などへ工場疎開し、桂の三菱重工業京都発動機製作所は、大丸百貨店、京都一中（現・洛北高校）、修学院国民学校、旧東海道線の逢坂山大谷隧道などへ工場疎開して、生産を継続したのでした[4]。こうして修学院が戦争に大きく巻き込まれるようになったのです。

第4節　学徒動員

　さて、そのような工場で働かされた多くが学生でした。第二次世界大戦末期、兵隊とその装備の不足を補うため、昭和18年（1943）から、徴兵検査の対象が、1歳引き下げられて、

満19歳男子にされただけでなく、働き手を軍にとられて労働力不足になっていた工場や農村へ、学徒が動員されるようになったのです。動員期間は、初めは4箇月程度ということでしたが、昭和19年（1944）3月には、通年動員を要求されるようになりました。

京都の学徒の動員先は、他府県もありましたが、近い所では、たとえば精華高等女学校の5年生と3年生の一部が、昭和19年（1944）6月から、荒神橋東側にあった京都織物へ、パラシュート、軍服などの生地の生産に動員されました[5]。

同志社高等女学部では、昭和19年（1944）7月1日から5年生が、そして10月23日からは3年生A・C・D組も、鐘紡京都工場（現・高野公団住宅付近）へ動員されました。3年生が造っていたのは、飛行機の木製部品（陸軍練習機の翼小骨）でした。立命館一中（現・立命館中学校・高校）の3年生52名も、ここで働いていました[6]。

京都高等女学校（現・京都女子中学校・高校）では、昭和19年（1944）、5年生286名が日本国際航空工業の工場（現・宇治市大久保付近）で働きました。また多くの生徒が、母校の第4〜6校舎でジュラルミン製のパイプやネジを製造していました[7]。

京都市美術館では、昭和19年（1944）頃、祇園甲部歌舞練場広間での満球試験で破裂した風船爆弾用風船の補修を、華頂高等女学校（現・華頂女子中学校・高校）3年生がしていました[8]。

写真35　京都織物で働かされていた精華高等女学校5年生。昭和19年（1944）。

華頂高等女学校は、島津製作所の工場となり、昭和19年（1944）にはネジなどを造っていました[9]。

京都府立京都第一中学校（現・洛北高校）では、昭和20年（1945）頃に体育館一階が三菱重工業の工場となり、立命館の学生などが航空機エンジンの製作をしていました。重要な工作機械は三菱商事が輸入したアメリカ製。夜に仕事が行われていたようで、朝、生徒が学校へ行くと、ジュラルミンのくずだらけでした[10]。

昭和20年（1945）には、同志社高等商業学校（現・同志社大学商学部。現・同志社高校付近）でも、講堂が三菱発動機の工場になりましたが、機械の試運転で終わりました[11]。

修学院国民学校では、南校舎、北校舎の各教室の仕切りがとりはずされ、大型の旋盤が運び込まれ、ジュラルミン板でプロペラの部品が造られていました。京都府立京都第一中学校と府立第一高等女学校（現・鴨沂高校）の3年生のほか、修学院国民学校高等科2年生が働いていました。名古屋弁をふりまく工員さんたちがいた[12]といいます。三菱重工業名古屋発動機製作所から来た工員さんも働いていたのではないでしょうか。

第5節　三菱重工業工場の移転と疎散授業の始まり

女学校などの場合は、生徒が動員され、授業がほとんどありませんでした。ところが国民学校初等科の児童は動員されていないので、その勉強場所を確保しなければなりません。昭和20年（1945）の修学院国民学校は、生徒数2239人の大きな学校でしたから、生徒は一箇所で学べず、分散して学びました。

図表3　修学院国民学校の生徒が昭和20年の1学期に学んだ場所

上高野地区	山端地区
上高野の集会所（崇導会館）（1年生）	聖光幼稚園（1年生）
里堂（2年生）	さがみ屋（建民修練所）（2・3年生）
三宅八幡の広場の幼稚園（3年生）	松ケ崎国民学校（4～6年生）
愛宕郡農会、後、隣好院（4年生）	
宝幢寺（5年生）	**上一乗寺地区**
明徳国民学校、後、御蔭神社（6年生）	一乗寺の集会所（1・2年生）
	北山御坊（3～6年生）
修学院地区	金福寺（舞楽寺地区の6年生）
修学院の集会所（1・2年生）	
上級生宅、後、さがみ屋（3～6年生）	**下一乗寺地区－全員養徳国民学校**

第3章　修学院地域と戦争

写真36　鷺森神社氏子の3・4年生の人が鷺森神社で写真を撮影してもらいました。この時期から疎開授業が始まりました。昭和20年（1945）4月。

写真37　学徒動員マークを胸につけています。この人たちは修学院国民学校高等科2年生で、工場になった修学院国民学校で働かされていました。修学院国民学校。昭和20年（1945）。

修学院国民学校高等科1年生は、北白川国民学校で学びましたが、2年生は、帰命院（山端森本町）前に集合し、4列の隊列行進をして修学院国民学校へ行き、奉安殿、奉斎殿前で最敬礼してから、校舎（三菱重工業の工場）に入り、働きました。2年生のその隊は、校門近くで米軍機の機銃掃射を受けたこともあったといいます[13]。

　戦争が終わった時には、教室も講堂も油だらけ。講堂の南側には、金属くずが積み上げられていました。

第6節　三菱重工業・日本国際航空工業と営団住宅

　修学院学区が戦争と大きくかかわるようになったのは、これだけではありません。昭和17年（1942）4月、松ケ崎に簡易保険局京都支局が開設されました。そして各地からの赴任者に住宅を確保するため、昭和17年9月、旧・住宅営団が一乗寺青城町、松田町、清水町、山端柳ケ坪町、修学院中林町に450戸の住宅を建設しました。ところが戦局の影響により、簡易保険局京都支局の当初の人員計画が縮小され、住宅が余ったのです。その余った青城町あたりの住宅70戸を、京都での工場建設を進めていた三菱重工業が、旧・住宅営団から購入。そして日本国際航空工業は、清水町の一画を、旧・住宅営団から購入したのでした[14]。

写真38　住宅営団の住宅ができる前の様子。背後は比叡山。昭和15年（1940）頃。

第3章　修学院地域と戦争

写真39　できた頃の住宅営団の住宅。家の中では京間の畳よりも少し大きい畳が使われていました。
一乗寺清水町。昭和18年（1943）9月。

写真40　日本国際航空工業大久保工場。154万㎡という敷地を持っていました。プロペラが見えます。
優秀な技術者は、出征先から工場へ呼び戻されました。昭和18年（1943）頃。

写真41　日本国際航空工業大久保工場。プロペラが見えます。戦後、工場の大部分は米軍に接収され、昭和31年（1956）に米軍が撤収してからは、そこは自衛隊に引き継がれました。工場の一部は、日本国際航空工業が改称した日国工業に引き継がれ、それは新日国工業、日産車体工機、日産車体と名称を変えていきました。昭和18年（1943）頃。

　この日本国際航空工業というのは、関西財界の重鎮である鐘淵紡績株式会社社長津田信吾が、国策への協力と戦争による紡績業の斜陽化に対応して、同社の体質強化を狙い、航空機工業への進出を図って設立した国際工業と、日本航空工業との合併によってできた会社です（昭和16年（1941）7月1日）。日本国際航空工業は、京都府久世郡大久保村（現・宇治市大久保町）と神奈川県平塚市に工場を持ち、大久保工場では、おもに航空機機体の製造と組み立てをしていました。鐘紡京都工場（左京区高野竹屋町）を分工場にし（昭和18年（1943）11月）、陸軍練習機の翼小骨を組立て、機体を製作（昭和20年（1945）6

月第 1 号機試作飛行成功）するなどして、生産の拡大をはかるほか、ジュラルミンに代わる材料として強化木（積層材）を活用するための研究を大久保で行ったりしていました[15]。

もっとも、昭和 18 年（1943）から日本国際航空工業の工場で働いていた今井洋氏によると、最後の頃は、大型輸送機のヒノキ製機体を繋ぐ金具がなくなり、飛行機の組み立てが困難になったのでした。今井氏は「何もしないと叱られるので、製作中の飛行機の大きな翼の中に入り込み、木切れで下駄（げた）を作っていた」と言います。たまに飛行機を組み立てることができても、察知されていたようで、すぐに米軍機に爆撃され、まともに飛んだ飛行機はほとんどなかったとも言います（2011 年談）。

〈注釈〉

1　小谷浩之「第二次世界大戦下における航空機産業の京都進出」、『社会科学研究年報』第 43 号、龍谷大学社会科学研究所、2013 年、pp.134-135。
2　http://shinkokunippon.blog122.fc2.com/blog-entry-900.html。
3　http://www.mhi.co.jp/mei/machinetool/catalog/pdf/machinetool2013.pdf。http://ja.wikipedia.org/wiki/%E5%90%8D%E5%8F%A4%E5%B1%8B%E5%A4%A7%E7%A9%BA%E8%A5%B2。
4　小谷浩之「第二次世界大戦下における航空機産業の京都進出」、p.137。高谷克己『京都府立京都第五中学校・私撰略史』(2002 年)。愛宕山鉄道の清滝トンネル跡などは、空襲を受けにくく、受けても被害が少なくてすみ、工場の移転先としてよいと思われたようですが、湿気が多く、実際にはほとんど使われなかったようです（大将軍国民学校で働かされていた林君子氏談）。
5　精華百年史編纂委員会編『精華百年史』、2005 年、pp.251-253。
6　同志社社史資料編集所『同志社百年史』（通史編二）、1979 年、pp.1224-1226。立命館百年史編纂委員会編『立命館百年史』（通史一）、1999 年、p.758。村地悦子氏談。小谷浩之「第二次世界大戦下における航空機産業の京都進出」、p.138。
7　『京都女子學園百年史：心の学園一一一年のあゆみ』、2010 年、pp.198-200。
8　「京都新聞」2011 年 8 月 3 日朝刊。
9　中村久枝氏談。
10　鈴木尚氏談。
11　『同志社百年史』（通史編二）、p.1066。
12　修学院小学校・同窓会・育友会『山ふもとの学校』（修学院小学校創立 50 周年記念誌）、1967 年、pp.37-39。
13　『山ふもとの学校』、pp.37-39。昭和 20 年（1945）7 月 29 日の京都新聞には次のように記されています。「廿八日午後京都に侵入した敵小型六機は洛北の住宅地区に鬼畜の機銃掃射を行つたほか、洛南の一部にも掃射を加へたが、被害は軽微であつた。廿八日午後の小型機は、京都の東北部から侵入して低空に舞下り通行人に機銃弾をあびせかけたもので、新市内では滅多なことはないと云ふ過つた安全感から警報中の行動にも兎角緊張が緩み勝ちであり、夜間でも燈火管制上の不備が度々指摘されてゐたことであり、今後は警報と同時に洛の内外を問はす京都府民は同じ緊張度を持つて、通行の際はたへず大空に注意し、敵味方の爆音を聞き分ける一方、機種を正しく判別して、敵機と判断すればすぐ待避するだけの心掛けが大切である。」「洛北」の「新市内」で「住宅地区」というと、これは修学院のことではないでしょうか。修学院では京福電気鉄道の車庫などが機銃掃射を受けたことがあるといいます。
14　ひいらぎクラブ『30 年の歩み』、2004 年、p.7。
15　小谷浩之「第二次世界大戦下における航空機産業の京都進出」、pp.137-139。日本航空工業（本店大阪市、資本金 300 万円、取締役会長寺田甚吉（岸和田紡績、南海鉄道各社長）、従業員約 150 人）については、同論文、p.138 参照。

第4章　戦後における暮らしの変化

第1節　暮らし好転のきざし

　戦後もしばらくは、戦時中と似たような暮らしぶりが続きました。小学校卒業写真を見ても、生徒たちは戦時中と似たような服装をして、写っています。ただ、表情に少し明るさが出てきているように思われます。

写真42　修学院国民学校昭和21年（1946）女子卒業生。もんぺを着用した生徒にまじって、スカートをはいた生徒も見られます。先生ももんぺをはいています。

写真43　修学院小学校昭和23年（1948）女子卒業生。もんぺを着用した生徒も見られます。髪の毛が少し長い生徒も見られます。「国民学校」は、昭和22年（1947）3月末に廃止され、昭和22年4月から「国民学校初等科」は「新制小学校」に改組されました。

第4章　戦後における暮らしの変化

写真44　修学院小学校昭和24年（1949）卒業生。国民服らしき服にまじり、黒い学生服も目立つようになりました。草履をはいた生徒も見られます。

写真45　修学院小学校昭和25年（1950）卒業生。男女が交互に並んで座っています。髪の毛が肩まで届くような女子生徒が見られるようになりました。髪の毛を少し伸ばした「坊ちゃん刈り」と呼ばれる髪型の男子生徒が見られます。

暮らしが少しよくなり始めたのは、朝鮮戦争によって特需景気がもたらされた昭和25年～26年（1950～1951）頃からでした。もっとも、暮らしは質素なもので、ごちそうと言えば、あいかわらず、自分の家で飼っているニワトリ[1]の肉、たまご、祭の時に作るサバ鮨、ぼたもち、アズキやエンドウを入れて作る「流し団子」[2]ぐらいのものでした。

写真46
エンドウの「流し団子」。鍋の中にすのこを置き、その上にふきんを敷きます。薄力粉に水を入れて練ったものにエンドウと砂糖を加え、混ぜたものをふきんの上に注ぎ、蒸して作ります。これは、裏返した鍋ぶたの上に、蒸しあがった「流し団子」をふきんごと持ち上げて、裏返して置き、ふきんを取り除いたところです。上高野大明神町井口たま宅。平成15年（2003）6月7日。

写真47　低学年生の下校を誘導する高学年生。戦闘帽形式の略帽をかぶった人が見られます。修学院小学校前。昭和25年（1950）。

第4章　戦後における暮らしの変化

写真48　低学年生の下校を誘導する高学年生。赤ちゃんをおぶった女の人が見られます。背後の畑に植わっているのは麦。修学院小学校から修学院駅への道。昭和25年（1950）。

写真49　修学院坪江町の実家から修学院石掛町の婚家へ歩いて向かう花嫁。昭和33年（1958）3月。

京都の人の実質賃金が戦争前の水準に回復したのは、昭和27年（1952）頃で、戦争前の水準の2倍になったのは、昭和44年（1969）頃でした。戦後復興がようやく終わり、戦前なみの生活がようやくできるようになると、人々は暮らしの向上を願うようになりました。

第2節　農業機械の導入

図表4　動力機械使用農家数[3]

	トラクター	動力耕耘機	電動機	石油発動機
修学院　298戸	0	9	6	143
松ヶ崎　70戸	1	5	7	23
岩　倉　454戸	0	0	93	173
八　瀬　81戸	0	0	0	0
大　原　295戸	0	1	7	202
左京区　1731戸	0	20	119	583
京都市　8817戸	0	105	2761	2105

昭和25年（1950）2月1日実施の世界農業センサス資料

　戦後、人々がまず求めたのは農業機械でした。図表4を見ると、修学院地域では、農業機械の導入が近隣地域より少し早かったようです。

　エンジンを用いて籾をする機械は、昭和時代初期には登場していましたが、石油不足のため、使えなくなり、昭和13年（1938）頃にはまた土臼を用いての籾すり、手動式の籾すり機を用いての籾すりに戻っていました。しかし戦後、早い時期に、エンジンを用いて籾をする機械を持つ人に回ってきてもらうようになっていました。

　エンジンの回転運動をベルトで脱穀機に伝えるという方式を用いての動力脱穀機は、京都には、昭和12年（1937）頃に登場したようですが、戦争による石油不足のために姿を消してしまいました。修学院では、動力脱穀機を動かす石油発動機が昭和25年（1950）に143台あり、その頃から動力脱穀機も少しずつ普及していったのです[4]。足踏み式脱穀機に比べ、ずいぶん能率が上がったのですが、稲束をしっかり持っていないと、稲束が丸ごと機械に吸い込まれてしまい、機械が止まってしまったのでした。

　耕耘機は、それより少しおくれ、昭和30年（1955）を過ぎたころから少しずつ普及していきました[5]。昭和25年（1950）には、修学院に9台、松ヶ崎に5台、大原に1台など、左京区全体で20台あっただけでした。牛だと、燃料がいらないだけでなく、糞尿を肥料として使え、成長すると、肉牛として売ることもできました。しかし草を刈って食べさせるなどして、世話をしてやらなければなりません。その点、耕耘機だと、スイッチを切っておくと、じっとしていたのです。

写真50　田植えをしている人の後方に、牛で田を耕している人の姿が見られます。画面右上は修学院車庫。昭和12年（1937）頃。

第3節　耐久消費財の普及

　昭和26年（1951）8月に修学院烏丸町その他（14戸）、松ヶ崎東町その他（13戸）、岩倉下在地町（31戸）、八瀬秋元町（10戸）、大原草生町（18戸）の86戸において行われた調査によると、「電気蓄音機5、扇風機77、冷蔵庫8、写真機10が松ヶ崎、岩倉、修学院の農家に所有されている」と報告されています[6]。要するに、昭和26年の段階では、家庭電化製品とでもいうべきものはまだほとんどなかったのです。家庭電化製品が普及し始めたのは、その後のことでした。

　京都府の統計によると、各耐久消費財の普及が急速に進んだ時期（取得が1000世帯あたり1年に20個を越え始めた年）は、洗濯機（昭和30年（1955））、テレビ・ガスストーブ（昭和31年（1956））、電気釜（昭和32年（1957））、掃除機・トランジスターラジオ（昭和33年（1958））、冷蔵庫（昭和34年（1959））、電気ストーブ（昭和35年（1960））、石油ストーブ（昭和36年（1961））、テープレコーダー（昭和38年（1963））、乗用車・電話（昭和40年（1965））、カラーテレビ・ピアノ（昭和43年（1968））となります。

　このような耐久消費財の多くは、大量生産による値下がりと、昭和30年頃から始まる高度経済成長による所得向上によって、次々と手に入るようになったのでした。

写真51　テレビ放送に見入る近所の人たち。昭和28年（1953）にテレビ放送が始まりましたが、シャープの国産第1号14インチ白黒テレビは、175,000円。「テレビ1台で家が建つ」とまでいわれ、一般の人には容易に手が出ませんでした。この写真を撮影した人は、テレビ放送受像機を自分で組み立てました。テレビ放送を見るために、近所の人が集まってきています。修学院中林町。昭和31年（1956）。

写真52　おもちゃの自動車に乗って遊ぶ子。修学院狭間町。昭和40年（1965）頃。

第4節　宅地化の進行と音羽川水害

　このように耐久消費財が手に入って、生活が便利になり、食糧が量的に満足のいくものとなり、衣料も豊かになってくると、人々は次に土地を買い求め、家を建てようとしました。

　ところで、土地には自然災害に比較的あいやすい所と、あいにくい所があります。修学院地域の場合は、音羽川沿いが自然災害に比較的あいやすい所でした。第1章で述べたように、一乗寺・修学院・高野（現・上高野）地域には、木を伐って生活する人がたくさんいました。戦後の燃料不足の時代にも、人は木をさかんに伐っていました。そのように木をよく伐っていると、一乗寺地域や修学院地域の山はもろい花崗岩でできているので、はげ山に近い状態ができ、土砂崩れが起こりやすくなります。「比叡山アルプス」などと呼ばれる地形は、そのようにして出来たのでしょう。そのため、修学院地域では、大雨が降ると、昔から土石流がよく起こり、音羽川が天井川になっていました。川は、天井川になると、少しの大水で土手が決壊しやすくなります。そのため、音羽川沿いでは洪水が起こりやすくなっていたのです。

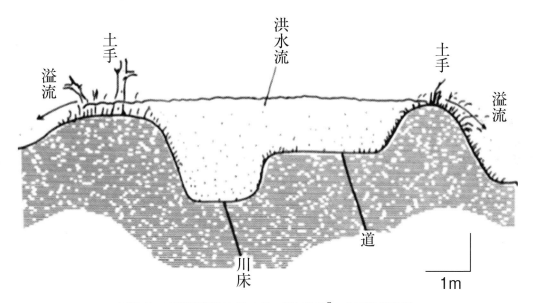

図表5　音羽川断面と洪水流（模式図）[7]。大正時代以前。

　他面、音羽川は恵みをもたらしてくれる川でもありました。音羽川の水は田畑をうるおすのはもちろんのこと、洗濯や野菜洗いに使われ、スイカやトマトを冷やし、水車を動かしていました。また、子どもはきれいな音羽川で川遊びをし、夏になると川を堰き止め、泳いでいました。大人も、長時間歩いた後など、川の水で足を冷やすと、汗がすっと引いたのでした[8]。そのため、人々は、できるだけ音羽川に近い場所でありながら、土石流の被害にあいにくい場所に家を建て、住んでいました。

写真53
比叡山アルプス（曼殊院の裏山の南東方向）。比叡山と大文字山は古生層の岩石でできていますが、その間の地域は、貫入してきた花崗岩でできています。花崗岩は風化しやすく、このあたりでは地下100mにもわたって風化が進んでいると考えられています。そのため、この地域は、浸食を受けやすく、この写真のように、荒れたはげ山となっていました。昭和8年(1933)以後。

写真54　比叡山四明岳から千種忠顕卿碑・修学院・一乗寺・京都方面を見ています。音羽川の南岸には林が目立ち、家はあまり見えません。比叡山には木が多くありません。京都電燈会社叡山平坦線出町柳〜八瀬間開業（大正14年（1925）9月27日）以前。

第4章 戦後における暮らしの変化

写真55　音羽川の土手で野外観察をする修学院尋常小学校生。土手にクヌギが植えられ、土手がかなり高かったことがわかります。田の土を細かくする馬鍬（まんが）が画面右下に見えます。昭和11年（1936）頃。

写真56　富田の水車。これを見ると、音羽川は今とはくらべものにならないほど狭く、浅かったことがわかります。そして橋がいくつもかかっていました。修学院川尻町。昭和5年（1930）頃。

写真57　画面中央を左右に横切っている音羽川の土手に、クヌギが植えられています。修学院駅近く。昭和15年（1940）頃。

写真58　京都駅行の京都市営バス。一乗寺向畑町。昭和33年（1958）。

第 4 章　戦後における暮らしの変化

写真59　一乗寺向畑町付近から営団住宅の北東隅、松ケ崎の「法」の字の山方向を見ています。昭和33年（1958）。

写真60　一乗寺向畑町付近から北方向を見ています。京都市営バスの終点付近が画面左端に見えています。ワラが使われなくなったためか、ワラが田に積まれています。昭和33年（1958）。

写真61　一乗寺向畑町付近から北北東方向を見ています。画面中央から左に横たわっているのは横山。昭和33年（1958）。

写真62　一乗寺向畑町付近から比叡山方向を見ています。昭和33年（1958）。

第4章　戦後における暮らしの変化

写真63
新しくできた家の台所。ガス湯沸かし器、ガスレンジ、換気扇が見られます。
修学院狭間町。昭和43年（1968）。

　ところが京都電燈会社叡山平坦線ができて、宅地開発が始まり、戦後、京都市営バスが、昭和33年（1958）に十二間道路（現・白川通）を一乗寺向畑町まで、そして昭和37年（1962）に修学院まで来るようになって、宅地開発が加速されると、それまで人が住んでいなかった危険地域に人が住むようになったのです。しかも音羽川の土手に植えてあったタケやササやクヌギなどを除去し、河川敷や土手まで宅地にしたところもありました。また、音羽川の川幅は、住宅街に入る手前までは7ｍ～8ｍあったのですが、住宅街に入ると、2ｍ～3ｍになり、下流部では1ｍ～2ｍになっていました。さらに、音羽川に多くのコンクリート製の橋が設けられ、川の上に水道管やガス管が通されていたのですが、これらは、大雨の時、流れてくるものを堰き止め、ダムのようになって、被害を大きくしてしまいます。こうして、元々洪水が起こりやすかった音羽川沿いで、水害がさらに起こりやすくなり、被害が大きくなりやすくなっていたのです。

　写真を見ると、昭和10年（1935）6月29日の大雨の時にも、修学院尋常高等小学校は、音羽川の氾濫により、昭和47年（1972）9月16日の大雨の時と同じような被害を受けていたことがわかります。それでも、昭和10年6月29日の大雨の時には、修学院では、家屋流失も人災もありませんでした。ところが昭和47年9月16日の大雨の時には、音羽川

写真64　濁流が修学院尋常高等小学校校庭を流れていったことがわかります。講堂の横では砂が1mほど積もったのでした[9]。昭和10年（1935）6月29日の後。

写真65　濁流が修学院尋常高等小学校校舎の渡り廊下を貫流したことがわかります。昭和10年（1935）6月29日の後。

第 4 章　戦後における暮らしの変化

写真66　濁流が押し寄せた家。修学院石掛町。昭和 47 年（1972）9 月 16 日。

写真67　濁流に流され、音羽川にはまり、流れをさえぎった車。修学院。昭和 47 年（1972）9 月 16 日の後。

写真68　修学院小学校職員便所前にたまった泥。昭和47年（1972）9月16日の後。

写真69　修学院小学校北側の小川にも濁流が流れ込みました。修学院川尻町。昭和47年（1972）9月16日の後。

の氾濫により、4戸が流失し、1人が亡くなったのです。このことには、宅地化の進行が大きくかかわっていると思われます。

　この昭和47年（1972）9月16日の水害後、音羽川はまっすぐにされ、ずいぶん掘り下げられました（写真70参照）。もっとも、川床へ降りるのもこわいぐらい深く掘り下げられたので、洗濯をする人の姿も、野菜を洗う人の姿も、子どもが川原で遊ぶ姿も見られなくなってしまいました。音羽川の水害を防ぐには、音羽川がもたらしてくれていた恵みの部分には目をつぶってでも、今の音羽川程度の深さと幅を必要とするのかもしれません。しかしその深さと幅ゆえに、川に対する人々の関心が薄れ、「洪水は起こらない」という根拠のない安心感を人びとが持ってしまうのではないかという不安が、わいてきます。自然災害に対する万全の備えというものはありません。日ごろから川に親しみ、川の変化に注意し、危険を感じれば、すぐに避難することがやはり大切ではないでしょうか。

〈注釈〉

1　森和男『昭和二十六年度農家経済農業経営実態調査概要―京都市洛北地区について―』、京都市産業観光局、1952年、p.39によると、修学院では、全戸数の56％にあたる166戸が809羽のニワトリを飼っていました（1戸あたり4.87羽。昭和25年（1950））。1戸あたりの飼養数は岩倉（3.65）や松ヶ崎（3.37）などの近隣地区より少し多めでした。

2　流し団子に入れるものとしては、エンドウのほかに、アズキがあります。岩倉ではアズキの流し団子は作りますが、エンドウの流し団子は作りません。一乗寺・修学院・上高野でエンドウの流し団子を作ったのは、エンドウを作っている家が多かったからではないでしょうか。なお、修学院・一乗寺地域は、4月13日に、流し団子ではなく、竹の皮に包んだ丁稚羊羹を作りますが、それは、日吉大社の山王祭（4月14日）の神輿を舁きに行く人に持たせたからであると言われています。竹の皮に包んだ丁稚羊羹は、滋賀県から伝わってきたようです。

3　森和男『昭和二十六年度農家経済農業経営実態調査概要』、pp.32-33。

4　森和男『昭和二十六年度農家経済農業経営実態調査概要』、p.113。「米の賃摺りはいうまでもなく、動力脱穀機による麦の脱穀も、大原をはじめ、八瀬、岩倉、修学院、松ヶ崎のほとんど全区にわたって見られるのであって、終戦後におけるこの種の作業の能率化はかなり進んでいると見られる。しかし他方、岩倉や八瀬の兼業零細農家の中には、依然として麦を石にたたきつけて麦打ちを行い、土臼を用いて籾摺りをする農家も散見されることにも注意しなければならない。」これによると、籾すり機の方が動力脱穀機より少し早く広まったようです。

5　「最近では、耕耘と砕土作業が同時に行われる形となるために自動耕耘機による賃耕も松ヶ崎や修学院や、調査区域外ではあるが一乗寺付近に多く見られるようになって」いる（森和男『昭和二十六年度農家経済農業経営実態調査概要』、p.113）。これによると、「賃耕」という仕方で、自動耕耘機が昭和26年には入っているようです。

6　森和男『昭和二十六年度農家経済農業経営実態調査概要』、p.105。冷蔵庫というのは、電気冷蔵庫ではなく、氷で冷やすタイプのものです。

7　池田碩・志岐常正『1972年9月音羽川流域―修学院地区の災害』、修学院災害科学調査団、1974年、p.6。

8　修学院石掛町に住む人は「土手から11段の石段を下ったところに平たい石を置き、洗濯をよくしました。スイカやトマトも冷やしました」と言います。また、その少し下流で川を堰き止め、子どもたちがよく水遊びをしていたのでした。また、音羽川の白砂は庭に重宝しました。

9　修学院小学校・同窓会・育友会編『山ふもとの学校』、1967年、p.26。

結 び

　今年で戦後も70年が過ぎたことになります。わたしは、戦後10年たった昭和30年（1955）の生まれなので、戦争時代のことは、直接的な経験としては何も知りません。両親や祖父母は、自分たちが戦争時代に経験したことを語ってくれていましたが、それでも、戦争時代の暮らしを想像することは、わたしには難しく思われました。

　戦争時代を経験した人はもちろんのこと、従軍した人もまだ多くおられた時代に生まれ育ったわたしでさえ、戦争時代の暮らしを想像することが難しかったのですから、そのような人がどんどん減ってきている現在の若い人たちには、戦争時代の暮らしを想像することは、もっと難しいのではないでしょうか。

　しかしわたしたちは、「今、どういう時代に生きているのか」、「これからどういう道を歩めばよいのか」ということを考えようと思えば、過去を振り返り、わたしたちがどういう道を歩んできたのかを知る必要があるはずです。では、わたしたちが歩んできた道を若い人たちに伝え、これから歩むべき道を考えてもらうには、どうすればよいのでしょうか。

　わたしは、後年、両親や祖父母のアルバムを見た時、彼らが話していたことがようやく少しわかったような気がしました。「百聞は一見にしかず」と申します。写真が伝えてくれる情報量はやはり大きいとわたしは思いました。古い写真を見せると、若い人にも理解してもらいやすくなるのではないでしょうか。

　もっとも、戦争時代に関しては、カメラを持っているだけで、スパイ呼ばわりされた時代であり、フィルムも手に入りにくかった時代ですから、両親や祖父母が持っていた写真はわずかでした。しかし一軒の家から出て来る写真の数はわずかでも、地域の人がそういう写真を持ち寄れば、地域が歩んできた道筋の理解が容易になるはずです。これは、地域の人がそのような気持ちで持ち寄ってくださった写真をもとにしてできた本です。

　地域の人が次の世代に伝えておきたいことは多くあると思いますが、この本では、「修学院地域と戦争」、「都市化の進行と音羽川水害」に焦点を当て、記させていただきました。

　わたしは、この20年ほど、わたしの生活空間とでも言うべき洛北のことを中心にして、調べてきましたが、戦争時代のことは、どの地域でもよくわかりませんでした。岩倉の幡枝八幡の馬場を拡張して、プロペラの試運転工場を造ろうとしていたとか、岩倉の保養所を接収して、飛行機工場の工員宿舎にしようとしていたとか、八瀬で飛行機用の燃料として松根油を造っていたという話を聞いて、「なぜ飛行機関連の話が出て来るのだろう」と不思議に思いましたが、そこからさらに思いを巡らすことはありませんでした。しかし、修学院国民学校（現・修学院小学校）が三菱重工業の工場になっていたという話と、旧・住宅営団から三菱重工業が一乗寺青城町あたりの住宅70戸を、そして日本国際航空工業が一乗寺清水町の一画を購入したという話を聞いた時、背後に何か大きなものを感じたの

です。それをさぐりあて、結果をご報告するには、調査がまだまだ不十分ですが、戦後70年を機に、中間報告をしたいと思います。もちろん不正確な点もあるでしょう。わたしの知らない事実も多いでしょう。不正確な点を指摘していただき、わたしの知らない事実を教えていただいて、この報告を別の機会に修正し、これから歩むべき道を考えるための判断材料として、次の世代に伝えていくことができればと思います。

　戦争時代の歴史とは異なり、ある程度解明の進んでいる事ですが、次の世代に伝えていくべきこととして、音羽川の水害があると思います。音羽川の水害には、修学院地域の自然、修学院地域で営まれてきた暮らし、修学院地域で急速に進んだ宅地開発が大きくかかわっています。昭和47年（1972）9月16日水害程度の量の雨なら、それ以前にも何度も降り、これからも必ず降るでしょう。昭和47年9月16日水害後に音羽川が拡幅され、深く掘り下げられたからといって、安心し、無関心になるのではなく、修学院地域の自然、音羽川水害の歴史をよく理解し、音羽川とうまくつきあっていく必要があるはずです。そのためにも、修学院地域の自然、音羽川水害の歴史に関する写真資料を新たに少しだけ紹介させていただいたので、音羽川とのつきあい方を考えるための材料として、すでに知られている資料とともに、活用していただければと思います。

　なお、このような研究は、修学院学区郷土誌研究会のように地域に密着して活動しておられる会の協力のもとで、地域の人に古写真や資料を見せてもらい、話を聴かせていただかないとできないものです。修学院学区郷土誌研究会の方や、修学院地域にかかわりのある方のご協力に、この場をお借りして、お礼申し上げます。

写真70　白川通から音羽川、比叡山を見ています。音羽川は、昔と比べると、川幅がずいぶん広くなり、そして深くなっています。しかし川原に降りるのは難しそうです。平成27年(2015)2月24日。

写真所蔵者・所蔵機関（敬称略）

1. 山本重良、2. 山本重良、3. 藤本香、4. 森榮一、5. 中村治、6. 渡辺昇、7. 渡辺昇、8. 三宅仁、9. 渡辺昇、10. 西村正久、11. 青木善男、12. 勝俣京子、13. 風間随成、14. 修学院小学校、15. 修学院小学校、16. 辻真佐裕、17. 修学院小学校、18. 修学院小学校、19. 石関憲子、20. 勝俣京子、21. 西村正久、22. 三宅仁、23. 中島布美子、24. 酒井明治、25. 藤本香、26. 藤本香、27. 石関憲子、28. 勝俣京子、29. 修学院小学校、30. 石関憲子、31. 川原啓介、32. 修学院小学校、33. 三宅仁、34. 加藤文男、35. 狩野俊子、36. 修学院小学校、37. 修学院小学校、38. 西村正久、39. 加藤幸治、40. 加藤幸治、41. 加藤幸治、42. 三宅冨子、43. 上原千鶴子、44. 修学院小学校、45. 修学院小学校、46. 中村治、47. 修学院小学校、48. 修学院小学校、49. 三宅冨子、50. 鈴木尚、51. 鈴木尚、52. 小川伍、53. 中村治、54. 中村治、55. 藤本香、56. 金田光雄、57. 藤本香、58. 加藤幸治、59. 加藤幸治、60. 加藤幸治、61. 加藤幸治、62. 加藤幸治、63. 森川三穂子、64. 修学院小学校、65. 修学院小学校、66. 勝俣京子、67. 小川伍、68. 修学院小学校、69. 修学院小学校、70. 中村治

協力者・協力機関（敬称略）

井ノ口毅、小川伍、風間随成、加藤幸治、修学院小学校、二分野良明、吉田真

修学院学区郷土誌研究会（敬称略）

山田茂夫、渡辺昇、平澤光廣、辻真佐裕、石川雅博

中村治（顧問）

題字（敬称略）

風間随成

表紙写真解説・所蔵者（敬称略）

低学年生の下校を誘導する高学年生。修学院駅北側の踏切。和傘を持つ子と洋傘を持つ子が見られます。前垂れをした女性が子どもたちを見守っています。踏切には踏切番の人がいました。踏切に「・・・ng」という文字が見えます。おそらく「Railway Crossing」と記されているのでしょう。連合国軍占領下の時代、踏切などには英語が記されていました。昭和25年（1950）。修学院小学校所蔵。

裏表紙写真解説・所蔵者（敬称略）

修学院離宮への道と赤山禅院への分かれ道。修学院室町。昭和30年（1955）。山本重良氏所蔵。

あ と が き

　わたしたちの修学院学区は、修学院国民学校（現・修学院小学校）が戦争時代末期の昭和20年（1945）に三菱重工業の工場にされ、生徒が学校外で授業を受けるなど、ほかの地域とはずいぶん異なる経験をした地域です。しかしながら、その頃の修学院学区に関する資料は多くありません。しかも、平成25年（2013）10月現在で、総人口に対する戦後生まれの人の割合が79.5％になっているのですから、戦争時代のしっかりした記憶を持っておられる人は、それよりもっと少なくなっています。

　わたしたち修学院学区郷土誌研究会は、修学院国民学校が三菱重工業の工場にされた時期に修学院国民学校の先生や生徒であった人に、平成26年（2014）8月8日、修学院小学校に集まってもらい、中村治大阪府立大学教授に「軍需工場にされた修学院国民学校」と題して話をしてもらって、その時代のことを確認し合ってもらう場を設けました。その成果をふまえ、さらに、修学院地域が経験した大きな自然災害である昭和47年（1972）9月16日水害にもふれていただいて、中村治教授に『洛北修学院』をまとめていただきました。『洛北一乗寺』（2014年）に続き、地域の共有財産とでもいうべき『洛北修学院』を得たことを、まことに喜ばしく思います。

　それでも『洛北一乗寺』、『洛北修学院』に載せることができた写真は、わたしたち修学院学区郷土誌研究会が集めた写真の一部にすぎません。この本には掲載できなかった数多くの写真を含め、写真を提供してくださった方々、写真にまつわる話を聞かせてくださった方々すべてのお力添えに感謝いたします。

　なお、『洛北一乗寺』や『洛北修学院』を見て、「こんな写真なら、うちにもある」と思われた方は、ぜひお知らせください。資料化を進めるとともに、他の地域、他のテーマの本も出版していくことができればと思っています。

　また、本の執筆はもちろんのこと、古写真の収集と複写、古写真に関する聞き取りに関して、中村治教授にたいへんお世話になりました。この場をお借りして、お礼申し上げます。

修学院学区郷土誌研究会

［著者紹介］

中村　治（なかむら　おさむ）

　1955 年　京都市左京区に生まれる
　1977 年　京都大学文学部卒業
　1983 年　京都大学大学院文学研究科博士後期課程単位取得退学
　2007 年　京都大学人間・環境学博士
　現在　　大阪府立大学人間社会学部教授
　専門　　環境思想

『京都洛北の原風景』（世界思想社・2000年）、『あのころ京都の暮らし』（世界思想社・2004年）、『洛北岩倉』（コトコト・2007年）、『洛北八瀬』（コトコト・2008年）、『京都洛北の近代』（大阪公立大学共同出版会・2012年）、『洛北岩倉と精神医療』（世界思想社・2013年）、『洛北一乗寺』（大阪公立大学共同出版会・2014年）、『洛北静原』（大阪公立大学共同出版会・2014年）、『あのころの阿倍野』（大阪公立大学共同出版会・2014年）を執筆し、『洛北岩倉誌』（岩倉北小学校創立20周年記念事業委員会・1995年）、『洛北岩倉研究』第1号〜第8号（岩倉の歴史と文化を学ぶ会・1997〜2007年）、『癒しの里・洛北岩倉』（岩倉の歴史と文化を学ぶ会・2000年）を編集・執筆し、「あのころ・京のくらし」を京都新聞に連載（2002〜2004年）、「左京のくらし」を市民しんぶん左京区版（左京ボイス）に連載（2010年4月〜2012年3月）して、現代社会がかかえる諸問題を、地域に根ざしつつ、広い視野から考えていこうとしています。

洛北修学院　　　　　　　　　　　　　　　　　　　定価1,200円

　2015年3月31日　発行
　著　者　　中村　治
　編　集　　修学院学区郷土誌研究会
　発行者　　足立泰二
　発行所　　大阪公立大学共同出版会（ＯＭＵＰ）
　　　　　　〒599-8531　大阪府堺市中区学園町1-1
　　　　　　　　大阪府立大学内
　　　　　　　　ＴＥＬ　072（251）6533
　　　　　　　　ＦＡＸ　072（254）9539
　印刷所　　和泉出版印刷株式会社
　　　　　　〒594-0083　大阪府和泉市池上町4丁目2-21
　　　　　　　　ＴＥＬ　0725（45）2360

　本書には京都市左京区まちづくり活動支援交付金も使わせていただきました。

Ⓒ Osamu Nakamura　　ISBN978-4-907209-41-4